Reprint Publishing

FÜR MENSCHEN, DIE AUF ORIGINALE STEHEN.

www.reprintpublishing.com

GIORDANO BRUNO

EIN

POPULÄR-WISSENSCHAFTLICHER VORTRAG

VON

A. RIEHL.

LEIPZIG

VERLAG VON WILHELM ENGELMANN

1889.

GIORDANO BRUNO

EIN

POPULÄR-WISSENSCHAFTLICHER VORTRAG

VON

A. RIEHL.

———————

LEIPZIG

VERLAG VON WILHELM ENGELMANN

1889.

Vorwort.

Ich habe diesen Vortrag Anfangs März d. J., einer Einladung der Wessenberg-Gesellschaft folgend, in Konstanz
gehalten.

Die innere Anregung zu der kleinen Studie bot sich
mir in der kritischen Ausgabe der italienischen Werke
Bruno's von P. Lagarde, durch welche diese Werke zu-
gänglicher geworden sind als bisher.

Auch hat Lagarde's Selbstanzeige seiner neuen Edition
(in den Göttinger gelehrten Anzeigen vom 1. Febr. 1889,
wieder abgedruckt im 2. B. der Werke) die wahren Cha-
rakterzüge des merkwürdigen Mannes schärfer und vielfach
anders beleuchtet als dies bis zur Zeit geschehen war.

Nur zufällig erscheint die Schrift nicht lange nach der
Denkmal-Enthüllung in Rom.

Freiburg i. B., im Juni 1889.

A. R.

In fruchtbarster Landschaft Campaniens, das den Bei-
namen: das glückliche führt, liegt am nordöstlichen Abhange
des Vesuv, nur zwölf Miglien von Neapel entfernt: Nola,
eine alte Niederlassung chalkidischer Griechen, einst in der
Kaiserzeit blühend und ansehnlich, von Mauern und Türmen
umgeben, geschmückt mit Palästen der vornehmsten Familien
Roms, — heute eine kleine Provinzstadt von 12 000 Ein-
wohnern.

Mehr als anderswo im ehemaligen Grossgriechenland
hatten sich hier bis in die neuere Zeit Spuren altgriechischer
Art und Sitte erhalten. Gewisse altertümliche Gebräuche
bei festlichen Aufzügen und Schauspielen, der Sinn für schöne
Umgangsformen, selbst das Gefallen an geistreicher und ge-
wählter Rede erinnerten an diesen Zusammenhang; und vielleicht ist auch die ungewöhnliche Begabung für Philosophie,
Litteratur und Kunst, die wiederholt in der Bevölkerung her-
vortrat, auf jene Abstammung zurückzuführen. Namhafte,
zum Teil hervorragende Männer in verhältnissmässig nicht
geringer Zahl: Humanisten, Philosophen, Dichter und Künst-
ler, die aus Nola hervorgingen oder hier ihren Aufenthalt
nahmen, gereichten der Stadt im 15. und 16. Jahrhundert
zur Auszeichnung. Sie alle aber sind von dem Ruhme eines
Mannes überstrahlt worden, der gleich merkwürdig durch die
Schicksale seines Lebens wie durch die Grösse seines Geistes
und seiner Gesinnung den Namen seiner Vaterstadt über die

Welt verbreitet hat. Giordano Bruno nannte sich mit Vorliebe den Nolaner; ein starker Zug der Anhänglichkeit an
die Heimat war ihm gleich seinen Mitbürgern eigen.

Zur Zeit, in der G. Bruno geboren wurde, hatte die
Kunst der Renaissance in Italien ihre höchste Blüte bereits
überschritten. Der Glanz jenes halb heidnischen Lebens am
Hofe des mediceischen Papstes war verblichen. Kirchliche
Interessen auf der einen, die wissenschaftlichen auf der anderen Seite hatten die Stelle der künstlerischen eingenommen.
Es ist die Zeit der katholischen Restauration und der Schöpfung
der modernen Wissenschaft. Mit der Bulle vom 21. Juli 1542
verfügt Paul III. auf Anregung des Ignatius von Loyola und
über Betreiben vornehmlich Caraffa's die Einrichtung der
römischen Inquisition nach dem Muster der spanischen; 1543
im Frühjahre erscheint das Werk des Nicolaus Copernikus:
»Ueber die Umwälzungen der Himmelskreise«. Unter der
Constellation dieser beiden Ereignisse ist G. Bruno geboren
1548. Sie bedingen durch ihr nachmaliges Zusammenwirken
das tragische Geschick des Philosophen.

Bruno ist von niedriger Herkunft. Sein Vater Giovanni
war Soldat. Seine Mutter hiess Fraulissa, mit dem Familien-
namen: Savolina. Er selbst erhielt bei der Taufe den Namen
Filippo, nach dem Sohne seines Landesherrn. Ungefähr mit
10 Jahren kam der aufgeweckte Knabe nach Neapel, wo er
— vielleicht auf Kosten des Ordens, in den er wenige Jahre
später treten sollte — in den Humanitätsstudien und in Logik
und Dialektik unterwiesen wurde. (Den Namen seines Leh-
rers in diesen philosophischen Disciplinen: Fra Teofilo da
Varrano hat er uns selbst überliefert.) Um 1563, als er sein
15. Lebensjahr noch nicht vollendet hatte, erfolgte sein Ein-
tritt in das Kloster des heil. Dominicus in Neapel. Bruno
empfing den Klosternamen Giordano, den er mit einer einzigen

Unterbrechung die Zeit seines Lebens geführt hat. Da dies der Name des unmittelbaren Nachfolgers des heil. Dominicus und zweiten Magister generalis des Ordens ist, so sollte die Übertragung desselben auf Bruno vielleicht andeuten, welche Hoffnungen der Orden in die Fähigkeiten seines neuen Mitgliedes setzte. — Im Kloster erwarb sich Bruno die tiefe und ausgebreitete Kenntniss der alten Philosophie, die sich in jeder seiner Schriften verrät. Auch das Studium der Scholastiker beschäftigte ihn. Ausser Raymundus Lullus las er mit Vorliebe die Werke des Thomas von Aquino, seines Ordensgenossen, der 300 Jahre zuvor in dem nämlichen Kloster gelebt und gelehrt hatte, in welchem er selbst sein Noviziat verbrachte. Im Kloster erwachte aber auch sein kraftvoller Geist unter dem Drucke der Umgebung zur Selbständigkeit.

Hatte Bruno vom Leben als Mönch für seine Studien, denen er sich mit frischer Seele hingab, ungestörte Musse erhofft, so musste er bald zu seiner Enttäuschung erfahren: »wie ihn seine Censoren von würdigeren und höheren Beschäftigungen abzuziehen, seinen Geist in Fesseln zu legen und ihn aus einem Freien im Dienste der Tugend zum Sklaven einer elenden und thörichten Heuchelei zu machen suchten«. Auch die Schwächen und Wunderlichkeiten einiger seiner Ordensbrüder entgingen seinem scharfen Blicke und seiner satirischen Laune nicht. Mit schlagender Charakteristik hat er uns später in dem melancholischen Hortensio, dem mageren Serafino, dem aufgeblasenen Bonifacio u. s. w. Typen vorgeführt, wie sie sich wohl auch sonst in klösterlichen Conventen zusammenfinden. Schon bald mag er sich mit Überdruss von Genossen abgewendet haben, denen sein gährender, offen sich aussprechender Geist anfing verdächtig zu werden. Man drohte ihm schon während seines Noviziates mit einer

Anklage in Glaubenssachen, Er hatte Heiligenbilder aus
seiner Zelle entfernt und nur ein Crucifix zurückbehalten, und
als er eines Tages einen seiner Mitbrüder über der Lectüre
eines Poems von den sieben Freuden Mariens traf, forderte
er ihn auf, lieber ein vernünftigeres Buch zu lesen. Doch
blieb es diesmal noch bei der Drohung.

Mit 18 Jahren, wie er selbst angibt, begann er an der
kirchlichen Lehre der Trinität zu zweifeln. Er fasste die
Personen als Attribute der Gottheit auf und berief sich dabei
auf Augustinus, der den Ausdruck: Person noch als Neuerung
empfand und nur mit Zurückhaltung gebrauchte. Entschei-
dend aber für seine geistige Entwickelung, ja für die Schicksale seines Lebens sollte die Bekanntschaft mit dem Werke
des Copernikus werden. Er muss dieselbe verhältnissmässig
früh gemacht haben, aber noch nach zwanzig Jahren ist der
Eindruck davon in ihm ganz lebendig. Er fühlte sich plötz-
lich wie von Banden befreit. Die Wahrheit, die er jetzt zu
sehen, ja wie mit Händen zu greifen glaubte, schien ihm
bisher in den erdichteten Sphären des Himmels gleichsam
eingekerkert gewesen zu sein. Wie bewundert er die Seelen-
grösse jenes Deutschen, der unbekümmert um die Thorheit
der Menge standhaft geblieben sei gegen die mächtige Strömung eines entgegengesetzten Glaubens. Er eignete sich die
neue Lehre wie etwas seinem Geiste innerlichst Verwandtes,
wie eine ihm eingeborne Wahrheit an. Daher vermochte er
auch sogleich frei über sie zu gebieten und sie fortzubilden.
Mit kühner Consequenz beseitigte er die letzte Schranke, die
bei Copernikus selbst noch stehen geblieben war: die Fix-
sternsphäre, »die Schale und convexe Oberfläche« des Firma-
ments. Sein Geist erhebt sich zum Fluge durch die eröffneten
Himmelsräume, seiner Anschauung erschliesst sich die Unendlichkeit des Universums und »hell aufglänzte ihm nun die

Schönheit der Welt«. — So ergriff Bruno von der neuen Lehre nicht blos mit dem Verstande Besitz, er ergab sich ihr auch mit seinen Sinnen, seiner mächtigen Einbildungskraft, der Begeisterung seines Wesens. Aber die mittelalterlich-kirchliche Weltanschauung zerging ihm darüber wie ein Truggebilde. Die neue Kosmologie forderte, wie er sogleich sah, eine neue Metaphysik, eine neue Theologie, und diese zu schaffen und zu verkünden erfasst er als seinen Beruf, als seine Mission. Aus dem Neuplatonismus, aus den tiefsinnigen Schriften des Nicolaus von Cues schöpfte er hauptsächlich die Elemente für seine Philosophie. In Nicolaus von Cues insbesondere erkannte er einen Geistesverwandten, den nur das Priesterkleid an freierer Bewegung gehindert habe.

Aber nicht blos tiefen philosophischen Studien und Entwürfen, auch der Beschäftigung mit der heiteren und der ernsten Dichtkunst ist die Musse seines Klosterlebens gewidmet. Das Lustspiel: »il candelaio«, gewiss aber auch viele jener weihevollen Gesänge, die er später in die Gespräche: »de gl' heroici furori« eingefügt hat, reichen ihrer Entstehung nach in diese Zeit zurück. — Eine satirische Dichtung: »die Arche Noë«, dem Papste zugeeignet, erscheint 1570. Sie selbst ist nicht mehr aufzufinden, ihren Gegenstand aber kennen wir aus einem späteren Dialoge. Der Esel streitet um seinen Vorrang unter den Tieren, den zu verlieren er in Gefahr ist.

Inzwischen hatte das äussere Leben Bruno's den herkömmlichen Gang genommen. Bruno empfängt die Weihen, liest 1572 mit 24 Jahren seine erste Messe in der Stadt Campagna, verweilt dort eine Zeit lang im Kloster des heil. Bartholomäus, hierauf in anderen Klöstern der Provinz, zu priesterlichen Functionen: Messelesen, Predigthalten u. s. w. herangezogen. Nach drei Jahren kehrte er in den Convent

von Neapel zurück. — Mit was für Menschen er um diese
Zeit verkehrt, was für Zustände er gesehen haben muss, stellt
uns sein »candelaio«, dieses Spiegelbild der Sittenlosigkeit,
die ihn umgab, fast greifbar vor Augen.

Bruno war ohne Zweifel dem kirchlichen Glaubenssystem
innerlich bereits entfremdet, als sein Klosterleben ein plötz-
liches, aber kaum unerwartetes Ende nehmen sollte. Der
Provincial des Ordens Fra Domenico Vito erhebt wider ihn
in 130 Artikeln die Anklage der Häresie. Bruno befand sich
in Rom im Kloster della Minerva. Er sah wie es scheint die
Anklage kommen und dachte der spanischen Inquisition zu
entrinnen, gerät aber darüber in Gefahr, sich der römischen
auszuliefern. Schon nach wenigen Tagen werden die Acten
des Processes nach Rom eingesandt. Überdies waren, wie
Bruno durch Briefe von Freunden erfährt, verbotene Bücher,
die er bei seinem Weggange beseitigt hatte, aufgefunden
worden: Schriften von Chrysostomus und Hieronymus, aber
mit den Anmerkungen des Erasmus. Ihr Besitz musste ihn
noch mehr verdächtigen. Und so entweicht er rasch entschlossen, nachdem er das Ordenskleid abgelegt hatte, aus
Rom, Mitte 1576 in seinem 28. Lebensjahre.

Mit der Flucht aus Rom beginnt ein unstetes Wander-
leben Bruno's, das fünfzehn Jahre währt und ihn durch halb
Europa führt. Überallhin sucht er seine Lehre: die neue
Anschauung des Universums zu verpflanzen. Eine leiden-
schaftliche Unruhe seines Innern lässt ihn nirgends eine blei-
bende Stätte für seine Wirksamkeit finden. Auch widrige
Geschicke und die Umtriebe seiner Feinde verfolgen ihn.
Sein Leben ist ein beständiger Kampf gegen die Zunft der
Gelehrten, aber durch die Art seines Auftretens hat er diesen
Kampf selbst heraufbeschworen. Wohin er kommt, erweckt
er sich durch seine Heftigkeit Gegner. Der ungestüme Eifer,

womit er für seine Philosophie eintrat, unterschied sich scharf
von der Gleichgiltigkeit der übrigen Philosophen gegen ihre
Wissenschaft. Diese anderen Philosophen, meint er, haben
auch nicht so viel erfunden, also auch nicht so viel zu be-
hüten und zu verteidigen wie er. »Sie freilich mögen eine
Philosophie gering schätzen, die nichts taugt, oder eine
solche, die sie nicht kennen. Wer aber die Wahrheit, den
verborgenen Schatz gefunden, ist von der Schönheit ihres
Antlitzes bezaubert und eifersüchtig darauf, dass sie nicht
verfälscht, nicht vernachlässigt oder entweiht werde«. In-
mitten aber dieser Rastlosigkeit seines Lebens schafft er seine
philosophischen Meisterwerke: die italienischen Dialoge, in
denen sich sein Geist so frei und reich ergiesst, die lateinischen Schriften voll dichterischen Schwunges und metaphysischen Tiefsinns. — daneben die zahlreichen Abhand-
lungen über die Lullische Kunst. Mit dem Fleisse, der dem
Genie eigen ist, vervielfältigt er seine Kräfte.

Wir finden Bruno nach seiner Flucht zunächst in Noli
bei Genua. Hier unterrichtete er Knaben in der Grammatik
und hielt einigen jungen Leuten von Stand Vorlesungen über
Astronomie. Nach wenigen Monaten wendet er sich über
Savona und Turin nach Venedig, wo er in einer Zeit der
Verwirrung und des Schreckens eintrifft. Die Pest, welche
mit Ausnahme Turins ganz Oberitalien verheerte, wütete in
der Stadt. Die Hälfte der Einwohnerschaft fiel der Seuche
zum Opfer; auch Titian erlag fast hundertjährig der An-
steckung. Um ein wenig Geld zu gewinnen liess Bruno eine
Schrift: »Die Zeichen der Zeit« im Druck erscheinen, nach-
dem er dieselbe zuvor dem Pater Remigius aus Florenz zur
Prüfung übergeben hatte. Das kleine Werk, vielleicht ein
Vorläufer der Lullischen Schriften, ist verloren gegangen.
Nach kurzem Aufenthalte wanderte Bruno aus der entvölkerten

Stadt. In Bergamo liess er sich nach dem Rat von Ordensgenossen, die er in Padua getroffen hatte, wieder als Mönch
kleiden und setzte seine Irrfahrt fort. Endlich verliess er,
anderthalb Jahre nach seiner Flucht aus Rom, Italien. In
Chambery, wo er im Kloster seines Ordens Herberge nahm,
aber mit Misstrauen empfangen wurde, beschloss er den Weg
nach Genf zu nehmen. Hier traf er auf eine ganze Colonie
italienischer Flüchtlinge, Bekenner der evangelischen Lehre,
deren Haupt der Marchese Galeazzo Carracioli, ein Neffe
Paul IV. war. Der Marchese nahm den Verfolgten der Inquisition nicht unfreundlich auf und in der Liste der italienischen Colonie in Genf erscheint zum Jahre 1578 sein Name
als »Filippo Bruno aus dem Königreich Neapel« eingetragen.
Bruno musste vor allem das Ordenskleid mit weltlicher Tracht
vertauschen. Er hat den Habit nicht wieder getragen. Seinen
Unterhalt erwarb er sich durch die Correctur von Druckbogen.
Da er aber nicht daran denkt, zum reformirten Bekenntnis
überzutreten, verliert er den Schutz des Marchese und muss
die unduldsame Stadt Calvins verlassen, in welcher 25 Jahre
zuvor Servet den Scheiterhaufen bestiegen hatte. Über Lyon
wendet er sich nach Toulouse. Die Stadt war zu jener Zeit
der Sitz einer überaus blühenden, von 10 000 Studenten be-
suchten Universität. Bruno macht sich bald durch Privatvorlesungen bekannt. Nach einiger Zeit erlangt er den Grad
eines Doctors der römischen Theologie, um sich an der Be-
werbung um eine ordentliche Lehrstelle der Philosophie be-
teiligen zu können. Er erhielt die Professur, die er nach
seiner eigenen Angabe zwei Jahre bekleidete, bis er sich
durch den Bürgerkrieg, den Heinrich von Navarra erregt
hatte, gezwungen sah, sie wieder aufzugeben. Er richtet
sein Augenmerk auf Paris, wo er etwa Mitte 1581 eintrifft.
Sogleich machte er von seinem Rechte als graduirter

Doctor Gebrauch und kündigte eine ausserordentliche Vor-
lesung an, für welche er ein scholastisches Thema wählte.
Er fand grossen Beifall.   Man bewunderte seine Beredtsamkeit und besonders die Kraft seines Gedächtnisses.   Eine
ordentliche Professur, die ihm angeboten wurde, musste er
ablehnen.   Es war ihm als Excommunicirten nicht möglich,
der Verpflichtung, die in Paris mit diesem Amte verbunden.
war, zu genügen, nämlich: die Messe anzuhören.   Allein der
Ruf von seiner wunderbaren Begabung war bis zum Könige
gedrungen.   Heinrich III., zum Aberglauben geneigt, liess den
Philosophen vor sich rufen, um zu erfahren: ob es bei dem
Gedächtnis desselben wirklich mit natürlichen Dingen zugehe,
und nicht — was der Verdacht des Königs war — Magie
dabei im Spiele sei.   Es gelang Bruno die Natürlichkeit seines
Gedächtnisses zu erweisen, und um das Geheimnis seiner
Gedächtniskunst zu zeigen, widmete er dem Könige eine
Schrift: »Die Schatten der Ideen«.   Eine ausserordentliche Pro-
fessur war der Lohn für diese Widmung.

Die Schatten der Ideen eröffnen die Reihe der Schriften
Bruno's über die Lullische Kunst, von welchen in Paris selbst
noch zwei weitere erscheinen.   Wie ein leichter Schwarm
begleiten diese Schriften die Hauptwerke des Philosophen.
Er führt sich mit ihnen bei den Universitäten ein, oder über-
reicht sie vornehmen Gönnern.   Damit aber ist ihr Wert in
seinen Augen wenigstens nicht erschöpft.   Man weiss, welche
übertriebenen Erwartungen Raymundus Lullus, der spanische
Scholastiker des 13. Jahrhunderts, in seine Erfindung einer
logischen Rechenmaschine gesetzt hatte, durch welche es er-
möglicht war, auf rein mechanische Weise alle beliebigen
Combinationen der Begriffe herzustellen.   Bruno erblickte in
dieser sogenannten »grossen Kunst« hauptsächlich ein Mittel
der Gedächtnisübung und Beredtsamkeit.   Seine seltene

Fähigkeit, das Entlegenste zu verbinden, die an Beziehungen reiche Darstellung, die Bilderfülle, die ihm zuströmt, — Eigenschaften, die sich in seinem Stile ausprägen, sind durch seine Beschäftigung mit der Lullischen Kunst gewiss nicht erzeugt, aber doch weiter entwickelt und verstärkt worden.

Die Schatten der Ideen enthalten übrigens mehr als eine Anweisung zur Gedächtniskunst nach der Methode des Lullus. Der erste Teil der Schrift ist die früheste Urkunde der Philosophie Bruno's, eine Art erkenntnistheoretischer Grundlegung derselben. In symbolischer Einkleidung, im Bilde von Licht und Schatten, wobei Gleichnis und Begriff hin und wieder spielen, wird das Verhältnis der Vorstellungen in unserem Geiste zu den Dingen, der Dinge zu ihrem schöpferischen Grunde betrachtet. Die innerliche wesentliche Einheit des Universums wird stark betont; ebenso das Princip der Entwickelung. Wie die Natur innerhalb ihrer Grenzen Alles aus Allem hervorbringe und Niederes stufenweise in Höheres verwandle, so vermöge der Verstand Alles aus Allem zu erkennen. Doch erfasst die Erkenntnis des Menschen die Wahrheit nur im Abbilde, — daher der Ausdruck: Schatten der Ideen.

In Paris sollte Bruno noch eine Probe von der Vielseitigkeit seines Talentes geben. In dem nämlichen Jahre wie »die Schatten der Ideen« (1582) erscheint daselbst auch das früher erwähnte Lustspiel: »il candelaio«, — eines der besten seiner Gattung, die Gattung aber nicht von den besten; der Inhalt im Geschmacke der italienischen Komödie der Renaissance unsauber wie in der Calandra des Cardinals Bibbiena, die Form von einem Realismus der Darstellung, der die Dinge erfasst wie sie sind und auch vor dem Hässlichsten nicht zurückscheut. Nur der Mangel an Einheit der Handlung vermindert den künstlerischen Wert des Stückes.

Bruno selbst hat als Zeit seines Aufenthaltes in Paris

fünf Jahre angegeben. Er muss bei dieser Berechnung seine
zweimalige Anwesenheit in Paris und die Urlaubsreise nach
England in Eine Periode zusammengefasst haben. Denn er
befand sich schon im Frühjahre 1583 in England, wo wir
ihn im Juni dieses Jahres in Oxford treffen. Durch bürger-
liche Unruhen, nicht durch die Angriffe der Professoren waren
seine Pariser Vorlesungen unterbrochen worden. Er hatte
Urlaub genommen und mit einem Empfehlungsschreiben seines
Königs an dessen Gesandten in London Michel de Castelnau
Herrn von Mauvissière versehen, war er nach England her-
übergekommen, nicht blos um Land und Leute kennen zu
lernen, sondern vor allem, um auch die dortige gelehrte Welt
mit seiner Lehre bekannt zu machen und für das Copernikanische System zu gewinnen. In Castelnau fand er einen
Gönner. Der französische Gesandte, politischer Gegner
Elisabeths und Beschützer der Maria Stuart, die er nach dem
Tode Franz II. nach Schottland begleitet hatte, wusste sich
durch kluges staatsmännisches Auftreten und die Vorzüge seiner
Person auch bei der englischen Königin so in Gunst zu setzen,
dass diese es ungerne sah, als er endlich nach 10 Jahren
(1585) von seinem Posten abberufen wurde. Im Hause dieses
Mannes lebte Bruno in London und zum Danke für die Gast-
freundschaft, die er erfuhr, widmete er Castelnau, »dem einzigen
Beschützer der Musen«, die drei ersten seiner italienischen
Dialoge. Man darf übrigens aus den Dedications-Episteln zu
diesen Schriften nicht allzu viel persönliche Freundschaft zwischen dem französischen Edelmann und Katholiken und dem
abtrünnigen Mönch herauslesen. Übertreibungen gehörten bei
Widmungsschreiben zum Stil.

Von den sonstigen Erlebnissen Bruno's in England wissen
wir aus dessen in London veröffentlichten Schriften. Bruno
begab sich zunächst nach Oxford, wo er sich mit einer Lulli-

schen Schrift: »Erklärung von dreissig Siegeln« in sehr selbst-
bewusstem Tone bei der Universität einführte. Er las über
die Unsterblichkeit der Seele: pythagoreische Mythen der
Wiederverkörperung auf seine Weise verkündend. Er las
über das neue Weltsystem des Copernikus. Natürlich ver-
feindete er sich alsbald mit den Professoren. Namentlich die
bisher unerhörte Behauptung der Zahllosigkeit der Sonnensysteme im unendlichen Universum erregte Anstoss und lär-
menden Widerspruch. In öffentlicher Disputation (zur Feier
der Anwesenheit des polnischen Fürsten Albert a Lasco in
Oxford Juni 1583) verteidigte er seine kosmologischen Neue-
rungen gegen einige Doctoren der Theologie. Er schreibt
sich den Sieg in diesem Redekampfe zu; das wirkliche Er-
gebnis desselben für ihn war aber das Verbot, seine Vorlesungen fortzusetzen.

Noch im Sommer des genannten Jahres kehrte er nach
London zurück. Und hier im Hause Castelnau's verfasste er
unter dem frischen Eindruck der in Oxford gemachten Er-
fahrungen seine italienischen Gespräche. — Häufig kommt er
mit dem französischen Gesandten oder allein an den Hof.
Elisabeth, die es liebte ihre Fertigkeit im Italienischen zu
zeigen, fand an seiner Unterhaltung Gefallen. Er seinerseits
feiert die Königin in dem prunkenden Stile der Zeit als die
grosse Amphitrite, auf die Insellage ihres Reiches anspielend;
er nennt sie auch die einzige Diana und eine Gottheit der
Erde. Für die Schönheit der englischen Frauen ist Bruno
nicht unempfänglich. Er preist sie als die Musen und
schwärmenden Nymphen Englands, rühmt ihre blonden
Haare, die Anmut der Gestalt, den Ausdruck der Blicke. Von
den Persönlichkeiten, die er am Hofe sah, tritt ihm besonders
Philipp Sidney näher, der glänzende Staatsmann und Dichter,
der kurz darauf erst 32 Jahre alt bei Zutphen für die Unab-

hängigkeit der Niederlande kämpfend fiel. Ihm widmete Bruno: »die Vertreibung der triumphierenden Bestie«, das Buch, über welches sich sogleich nachdem es erschienen war eine Fabel gebildet hat, und die Gespräche über »den heroischen Enthusiasmus«, das an subjectiver Stimmung reichste seiner Werke. Für die politische Bedeutung Englands hatte er ein richtiges Auge; er sieht die Vereinigung der britischen Inseln zu einem Reiche voraus. Vieles aber was er in London sah erregt sein äusserstes Missfallen. In seiner heftigen unbesonnenen Art schilt er auf die verwilderten Zustände der Menge und ihre durch Nichts herausgeforderte Gewaltthätigkeit gegen Fremde. An den frostigen Himmel Englands kann er sich nicht gewöhnen und selbst die Sprache des Landes klingt ihm fremd und misstönend. Er verschmäht es, sie zu lernen. Als er die Schrift, die seine scharfen Ausfälle gegen die Pedanten Oxfords und den Pöbel Londons brachte: »das Mahl am Aschermittwochsabend« der Öffentlichkeit übergab, musste er sich selbst in Verborgenheit halten. Man fand, er habe nicht blos eine Stadt und eine Provinz, sondern ein ganzes Reich beleidigt. Nicht weniger als Alle, klagt er, seien ihm feindlich gesinnt. — Und doch sind die paar Jahre, die er in England verbrachte, die glücklichste, die schaffensfreudigste Zeit seines Lebens. Alle seine italienischen Schriften, die uns erhalten sind, mit Ausnahme des Candelaio, sind in London verfasst und veröffentlicht worden. Auch sein lateinisches Hauptwerk, das Gedicht: »De immenso«, wurde in London begonnen.

Bruno ist einer der ersten Philosophen der neueren Zeit, welche wissenschaftliche Fragen in einer lebenden Sprache behandelten wie die Alten. Montaigne mit seinen »Essais« ist ihm hierin nur um ein paar Jahre vorangegangen und Galilei ahmte später seinem Beispiele nach. Doch ist das Vorgehen

Bruno's noch keineswegs sicher und entschieden. Er beruft
sich für seine Lehre ausschliesslich auf die lateinischen Werke.
Auch die Form, die er für die italienischen Schriften wählte,
scheint zu beweisen, dass er mit denselben eher eine populäre
als eine wissenschaftliche Darstellung seiner Philosophie be-
zweckte. — Schon die Humanisten ahmten die Gespräche
Cicero's nach, der selbst nur ein Nachahmer ist, und Bruno
kannte die Dialoge Plato's, obgleich er nur wenig griechisch
verstand. Seine Gespräche aber sind unabhängig von diesen
gelehrten Mustern entstanden, als Nachbildung einer wirklichen Unterredung wie in den Dialogen: »la cena de le ceneri«,
oder weil die Gesprächsform dem Inhalte angemessen ist wie
in der Schrift: »de l'infinito universo et mondi«, wo sich zwei
Weltanschauungen bekämpfen. Auch musste schon der Gebrauch einer Sprache, in der man sich wirklich unterredet,
für die schriftliche Darstellung die Form des Gesprächs unmittelbar nahe legen. Bruno behandelt denn auch den Dialog
leicht, zwanglos, im Tone der Conversation. Nur sein poeti-
sches Talent vertieft manchmal die Form. Innerhalb dieser
gemeinsamen Stilgattung aber, welche Mannigfaltigkeit der
Ausdrucksmittel, über die er verfügt, der Töne, die er an-
schlägt. Ernst und launiger Scherz, belehrende Erörterung,
lebendige Schilderung, Satire und bitterer Tadel, — kein Ausdruck des Affectes oder des ruhigen Gedankens, der ihm
nicht zu Gebote stünde. Gebundene Rede wechselt mit un-
gebundener, namentlich in den Dialogen: »de gl'heroici furori«.
Der Versbau ist kunstvoll, manchmal gekünstelt, der Gedanke
meist zu schwer für die leichte Form. Vieles in seinem Stile
ist conventionell, im barocken Geschmacke der italienischen
Spätrenaissance, besonders der überreiche Gebrauch der My-
thologie. Aber die Originalität seines Geistes bricht doch
überall durch.

An der Spitze der in London erschienenen Schriften Bruno's stehen die Dialoge: »la cena de le ceneri«. Das Werk führt seinen Namen von dem Anlass seiner Entstehung. Sir Fulk Grevil, der Freund Sidney's, hatte Bruno am Aschermittwoch 1584 eingeladen, um zu hören, wie er die Erdbewegung verteidige. Die Erzählung des Gespräches, das sich darüber während des Mahles entspann, bildet den wesentlichen Inhalt der genannten Dialoge. Das Copernikanische System, aber in der grossartigen Auffassung Bruno's und zu einer Gesammtanschauung der Welt erweitert, ist ihr eigentlicher Inhalt, alles übrige Einrahmung oder Episode. Im unermesslichen Raum zahllose Sonnen, vielmehr: Sonnensysteme, ein jedes von diesen gleich unserer Sonne von Planeten, oder wie Bruno eindrucksvoller sagt: von Erden umkreist, unsere Erde von anderen Himmelskörpern aus gesehen ein Stern: das ist Bruno's Welt, — und es ist die wirkliche Welt. Der ganze Charakter der Weltanschauung war damit wie mit einem Schlage verwandelt. Liess sich mit dem Systeme des Copernikus noch die beschränkte mittelalterliche Weltanschauung zur Not vereinigen, so ist in Bruno's unermesslicher Welt kein Raum mehr für diese Beschränktheit. Es sollte nie vergessen werden, dass Bruno der erste war, der die wahre Verfassung des Universums erkannt hat. — Wenn Columbus so hoch gefeiert wird, weil er die Verheissung alter Zeiten erfüllend einen neuen Weltteil entdeckte, welcher Ruhm, fragt der Philosoph mit berechtigtem Selbstgefühle, gebühre dann ihm, der in den Himmel selbst eingedrungen sei und Welten ohne Zahl entdeckt habe. Bruno hat sich in die neue Anschauung des Kosmos völlig eingelebt. Der Mond, äussert er sich, gehört nicht anders zu unserem Himmel, als die Erde zum Himmel des Mondes. Wie wir zu den Sternen, so blicken die Bewohner der Sterne zu uns empor. Könnten wir uns von der Erde

2*

immer weiter und weiter entfernen, so würden wir sehen, wie
sich ihr Körper mehr und mehr in einen Stern verwandelt.
Es gibt nur zwei Arten von Gestirnen: heisse und selbst-
leuchtende, kalte und beleuchtete, oder Sonnen und Erden.
Dass wir die Erden der übrigen Sonnen nicht sehen, erkläre sich
aus der Grösse der Entfernung und der Kleinheit jener Körper; so gebe es auch Planeten unserer Sonne, die uns aus
ähnlichen Gründen nicht sichtbar sind. Von den Fixsternen
aus sei auch von unserem Systeme nur die Sonne als fun-
kelnder Stern zu sehen. Alle diese Himmelskörper besitzen
ihre Eigenbewegung; auch die Sonne drehe sich um ihre Achse.
— Der Körper der Sonne sei selbst dunkel, nur seine luft-
artige Umhüllung leuchtend.

Bruno's »Aschermittwochsmahl« ist schon als Vorläufer
der Dialoge Galilei's über die beiden wichtigsten Weltsysteme
überaus merkwürdig. Eine Vergleichung beider Werke weist
auch manche Übereinstimmung im Einzelnen auf. So beseitigt
schon Bruno den Einwand: die Rotation der Erde müsste eine
scheinbare Bewegung der Luft im entgegengesetzten Sinne
zur Folge haben, mit der Bemerkung, dass auch die Luft
zum Erdkörper gehört. Kann sich auch die Schrift Bruno's
in wissenschaftlicher Strenge mit dem Werke des grossen
Physikers nicht messen, so übertrifft sie dasselbe in philo-
sophischer Bedeutung und in der Tragweite ihrer Gesichts-
punkte. Sie beschränkt sich nicht auf das Sonnensystem,
sondern zieht das Universum in ihre Betrachtung.

Die kosmischen Anschauungen des Philosophen werden
in den Gesprächen: »über das unendliche All und die Welten«
weiter ausgeführt. Aus der Grenzenlosigkeit des Raumes und
der Unendlichkeit der schöpferischen Kraft folgert hier Bruno
die Unendlichkeit des Weltalls. Der unendlichen Ursache
muss auch eine unendliche Wirkung entsprechen. Überall im

Universum sieht Bruno dasselbe Leben nur in unendlich vielen
Formen und auf den verschiedensten Stufen der Entwickelung;
überall setzt er die gleiche, aus dem Innern gestaltende Natur
voraus. Es sei töricht zu glauben, dass jene erhabenen Himmelskörper, die wir erblicken, nichts weiteres enthalten als
das Licht, das sie uns zusenden. Vielmehr seien alle die unzähligen Welten bewohnt von Wesen ähnlicher oder höherer
Art wie diejenigen, welche die Erde bevölkern. Jedes Gestirn
sei auch als Ganzes genommen ein lebendes Wesen, die Welt
ein Organismus. — In dieser lebensvollen Anschauung des
Universums beseeligt sich Bruno's Geist; in ihr findet der Philosoph die Versöhnung mit den Übeln des Daseins. Wie Alles
aus dem Guten stammt, so ist auch Alles gut, für das Gute
und zum Guten. Nur wer den Blick auf das Einzelne heftet,
verliert die Schönheit des Ganzen aus dem Sinn; so entgeht
die Schönheit eines Gebäudes demjenigen, der nur die kleinsten Teile desselben ins Auge fasst.

Dies ist, ruft Bruno aus, jene Philosophie, welche die
Sinne öffnet, den Geist befriedigt, den Verstand verherrlicht
und den Menschen auf die wahre Glückseligkeit, die er als
Mensch erlangen kann, einschränkt, indem sie ihn von der
mühevollen Sorge um Vergnügungen und dem blinden Gefühl
für Schmerzen befreit.

Mit den Gesprächen über das unendliche All und die
Welten stehen die unmittelbar zuvor erschienenen Dialoge:
»Über die Ursache, das Princip und das Eine«, Bruno's meta-
physisches Hauptwerk, in einem innern Zusammenhange. Was
hier am Schlusse des Werkes ausgesäet wird, bemerkt Bruno,.
bringt dort seine Frucht. Im System Bruno's ordnet sich sonach die Metaphysik der Kosmologie unter. — Die Dialoge:
»de la causa, principio et uno«, von Lasson vortrefflich in's
Deutsche übersetzt, tragen die dramatische Form nicht blos

äusserlich an sich; die Gedanken selbst sind in gleichsam
dramatischer Fortbewegung begriffen. Der anfängliche Gegensatz zwischen Ursache und Princip, sowie zwischen Materie
und Form wird zum Schlusse in die Einheit des allgemeinen
Weltgrundes aufgehoben. Die wahre innere Form der Dinge,
lehrt Bruno, ist eine geistige Kraft, derjenigen verwandt aber
überlegen, die wir als Vernunft bezeichnen. Bruno nennt sie
auch mit einem platonischen Ausdruck: Weltseele. Sie bringt
die vergänglichen Gestalten der Dinge hervor, die gleichsam
auf dem Rücken der Materie hin- und herfluten und in deren
Schooss zurückgenommen werden. Eine geistige Kraft findet
sich daher in allen Dingen. »Sind sie nicht lebendig, so sind
sie doch beseelt, sind sie nicht der Wirklichkeit nach für Be-
seeltheit und Leben empfänglich, so sind sie es doch dem
Principe nach, vermöge eines ursprünglichen Actes von Be-
seeltheit und Leben«. Diese allgemeine, der Materie wesentliche Form oder Kraft ist unvergänglich gleichwie die Materie
selbst. Wandelbar ist nicht das innere Wesen der Natur,
sondern allein ihre äussere Wirklichkeit. Materie und Form
sind aber nicht blos die beiden untrennbaren und beharrlichen
Principien alles Wirklichen, — diese als die Kraft zu wirken,
jene als das Substrat, auf welches gewirkt wird; im absoluten
Sinne verstanden fallen sie sogar in Eins zusammen. Ihr
Unterschied ist ein solcher der Auffassungsweise und Erschei-
nung, nicht des Wesens. Der Substanz nach ist Alles Eines.

Nicht dem Sein nach, nur in ihrer Art zu sein unter-
scheiden sich die Dinge im Universum vom Universum selbst
wie es an sich ist. Die Natur ist im Einzelnen unendliche
Entwickelung, als Ganzes unendlich entwickelt. Ihrer äusseren, räumlichen und zeitlichen Unendlichkeit entspricht die
innere wesentliche Unendlichkeit ihres Principes. Was dort
entfaltet erscheint, ist hier vollkommen vereinigt zu denken.

Daher umfasst das höchste Sein alle Gegensätze in unterschiedsloser Einheit. Als der Grund für alle Bestimmungen ist es selbst ohne Bestimmtheit und soferne durchaus einfach, unbeschränkt und unveränderlich. — Tod und Untergang, das Übel und das Böse wurzeln nicht im Grunde der Dinge. Sie sind keine Wirklichkeit und kein Vermögen, sondern Mangel und Unvermögen, finden sich daher auch nur bei den einzelnen Dingen, weil diese nicht alles sind, was sie sein können, und von einer Art zu sein zu einer anderen übergehen.

In seinen metaphysischen Speculationen erweist sich Bruno weniger selbständig und schöpferisch als in seinen kosmologischen Anschauungen. Entwirft er in diesen ein Bild der Welt, das von der nachfolgenden Wissenschaft fast Zug um Zug bestätigt wurde, so entlehnt er für jene eleatische und neuplatonische Ideen, Gedanken und selbst Gleichnisse des Nicolaus von Cues. Ihm ganz eigen aber ist die Verbindung dieser Ideen mit der durch ihn erweiterten Naturanschauung. Bruno ist der Philosoph der Astronomie. Das Copernikanische System in der Verallgemeinerung, die erst er ihm gegeben, philosophisch erklärt, dies ist in wenigen Worten seine Philosophie. Ihr Hauptbegriff ist der der Unendlichkeit der Welt. Eine unendliche Welt muss ein anderes Verhältnis zur Gottheit haben als eine endliche. Diese kann ihr Geschöpf, — jene nur ihre Wirkung sein. Und wie Wirkung und Ursache notwendig zusammengehören, wie die Ursache nicht ohne ihre Wirkung zu denken ist; so kann auch Gott nicht ohne die Welt, nicht ohne die Natur sein. Das Universum ist daher für Bruno das erhabene Ebenbild und Abbild der Gottheit. Zwar ist die schaffende Kraft der Natur, die Weltseele, nur ein Vermögen, ein Attribut der Gottheit, aber sie lässt sich von Gottes Wesen nicht trennen. Wie Bruno überall den Himmel sieht, so findet er auch in jedem Ding die Spur der

göttlichen Kraft. Zugegeben, sagt er, dass es unendlich viele
Individuen gibt, zuletzt ist Alles dem Wesen nach Eines und
die Erkenntnis dieser Einheit bildet das Ziel aller Philosophie
und Naturbetrachtung.

Damit ist das Thema angegeben, an welchem sich die
metaphysische Philosophie der Folgezeit von Spinoza bis zum
speculativen Idealismus der Deutschen versucht hat, — ver-
geblich versucht, wie wir heute sagen müssen. Gibt es auch
für die Forschung des Menschen keine äusseren Schranken,
so sind doch dem Erkennen desselben innere Grenzen gesetzt.

Bruno steht mitten inne zwischen den wissenschaftlichen
und den philosophischen Bestrebungen der Zukunft, beide in
seinem Geiste umfassend. Speculation und Wissenschaft,
Poesie und Erkenntnis haben sich in ihm noch nicht geschieden. Und dass er sich dem Schwunge seiner dichterischen Phantasie überlässt, um Ideen auszusprechen, die sicher
die Grenzen des Erkennbaren übersteigen, ist im Vergleich zu
der scheinbar methodischen Darstellung der nämlichen Ideen
bei späteren Philosophen fast als Vorzug seines Verfahrens zu
betrachten.

Bruno's moralphilosophische Dialoge stehen seinen kosmologischen und selbst seinen metaphysischen an Bedeutung nach.
Sie gewähren dafür einen Einblick in den Charakter des Philosophen. — »Die Vertreibung der triumphirenden Bestie«,
die Schrift, die um dieses Titels willen allgemein für eine
Verhöhnung des Papstes gehalten wurde, entwirft in Wahrheit die Grundzüge der Ethik und Religionskritik Bruno's
im Rahmen einer sinnreichen Allegorie. Das Niedrige,
Boshafte und Schwächliche, mit einem Wort: das Tierische
in der menschlichen Natur soll auf Beschluss der Götter,
die sich übrigens selbst zu reformiren haben, aus dem
Himmel, wohin es unter den Tiernamen der Sternbilder ver-

pflanzt wurde, ausgetrieben und durch die entgegengesetzten
sittlichen Charaktereigenschaften ersetzt werden. Wie sich
die Anschauung des Kosmos erneuert hat, so soll sich auch
die Ordnung der sittlichen Welt erneuern, und wie jene Anschauung zur Wahrheit von dem Einen, unendlichen Universum durchgedrungen ist, so hat die Wahrheit den Angelpunkt
auch der neuen moralischen Ordnung zu bilden. Sie tritt daher
an die Stelle des Sternbildes des Bären, in dessen Nähe der
Punkt des Nordpoles fällt. Die Aufzählung der übrigen sittlichen Eigenschaften geschieht ohne System; die Kritik der
positiven Religionen lässt ein geschichtliches Verständnis derselben vermissen.

Die Gespräche »über den heroischen Enthusiasmus« er-
gänzen die sociale Ethik Bruno's mit dem Ideal der persön-
lichen Lebensführung. Die heroische Erhebung des Gemütes
macht dasselbe Eins mit seinem Gegenstande: dem Guten im
Grunde der Dinge.

Bruno's Moralphilosophie ist die Philosophie der Bejahung
des Willens zum Leben, aber zum Leben in der höchsten
Steigerung und Entfaltung seiner geistigen und sittlichen
Mächte. In der Philosophie Bruno's. nimmt auch die Ethik
die Wendung auf das Wirkliche und Immanente; durch die
Idee der Gleichartigkeit alles Lebens im Universum erhalten
die sittlichen Gesetze eine wahrhaft kosmische Tragweite.

Bruno verliess England zugleich mit Castelnau. Die Ab-
berufung des französischen Gesandten, an den er gewiesen
war, führte von selbst seine Abreise herbei. In Paris kehrte
er nicht wieder in sein früheres Verhältnis zur Universität
zurück. Häufige Tumulte, die dem Bürgerkrieg vorangingen,
schädigten die Studien; auch hatte Bruno schon die Absicht
gefasst, andere Universitäten, nämlich die deutschen, aufzu-
suchen. Aber er wollte als Philosoph scheiden und bereitete

sich zu einem Hauptkampf gegen die herrschende peripate-
tische Naturphilosophie vor. In 120 Thesen, die er dem Rector
der Universität einreichte, stellte er mit grösster Schärfe die
Punkte fest, in denen seine Lehre von Welt und Natur der
aristotelischen widerstreitet. Er erreicht in dem Ausdruck
seiner Sätze eine Präcision, die später kaum von Spinoza über-
troffen wurde. Der Druck der Thesen wurde bewilligt, ihre
Verteidigung gestattet, obgleich einige derselben der katholischen Lehre widersprachen; denn es sei erlaubt, ohne der
Wahrheit nach dem Lichte des Glaubens vorzugreifen, diese
Gegenstände nach der Methode und den Principien der natürlichen Erkenntnis zu behandeln. Die Disputation fand
Pfingsten (25. Mai) des Jahres 1586 statt, aber nicht in der
Sorbonne, sondern im Collegium von Cambray. In begeister-
ter Rede verherrlicht Bruno durch den Mund seines Wort-
führers Jean Hennequin von Paris die Entdeckung der zahl-
losen Welten und des Einen unendlichen Universums. Es
zeuge von niedriger Gesinnung, mit der Menge denken zu
wollen, blos weil sie die Menge ist. Durch die Meinungen
noch so vieler Menschen werde die Wahrheit keine andere,
als sie ist. Man möge sich jedoch nicht dem Feuer seiner
Rede, sondern dem Gewicht seiner Gründe ergeben und vor
der Majestät der Wahrheit beugen. — Unmittelbar nach
diesem feierlichen Acte trat Bruno die Reise nach Deutschland an. In Marburg wurde ihm die Erlaubnis, Vorlesungen
zu halten, gegen die akademische Gepflogenheit jener Zeit
verweigert; in Wittenberg dagegen, »dem deutschen Athen«,
fand er entgegenkommende Aufnahme. Hier lehrte Alberich
Gentilis, sein Landsmann, einer der Begründer der Wissenschaft
des Völkerrechts, den er von Oxford her kannte. Aber auch die
übrigen Professoren behandelten ihn als Collegen und öffneten
ihm ihr Haus; obgleich er ihnen, wie er selbst sich äusserte,

bisher unbekannt gewesen sei, von Niemandem empfohlen,
in ihrem Glauben nicht geprüft und Gegner der Philosophie,
der sie anhingen. Nur die calvinistische Partei an der Universität blieb ihm feindlich gesinnt. Und als diese nach dem
Tode des Kurfürsten August unter dessen Nachfolger Christian
die Oberhand gewann, musste er weichen, nachdem er fast
zwei Jahre über verschiedene Zweige der Philosophie Vorlesungen gehalten und eine Anzahl Lullischer Schriften herausgegeben hatte. In der Abschiedsrede an den Senat und
die Universität (8. März 1588) feiert er die geistige Grösse
Deutschlands, das er früher fast nur als das Land gekannt
hatte, wo man zu viel trinke —: Alemagna bibace. Die Führung in den Wissenschaften, so verkündet er jetzt mit Seher-
blicke, werde zu den Deutschen übergehen. Hieher habe
aus Griechenland und Italien die Weisheit ihren Sitz ver-
pflanzt, hier bereite sie den Boden für ihr neues Reich.
»Gebe Jupiter, dass die Deutschen ihre Kräfte erkennen und
auf höhere Ziele richten, und sie werden nicht länger Menschen, sondern Göttern gleichen. Denn göttlich fürwahr ist
ihr Genie, das nur in jenen Wissenschaften noch nicht voran-
leuchtet, die zu pflegen es bisher verschmäht hat.« Auch
Luther wird von ihm hoch gepriesen. Er nennt ihn den
neuen Alkiden, der grösser als Herkules das verderblichste
Ungetüm: den mit der dreifachen Tiara gekrönten Cerberus
bezwungen habe. Und seine Keule, fügt er hinzu, war die
Feder.

Von Wittenberg begab sich Bruno nach Prag, wo er um-
sonst nach Stellung und Unterhalt suchte. Er widmete dem
Kaiser Rudolf II. eine Schrift: »Gegen die Mathematiker und
Philosophen dieses Zeitalters«, in deren Dedicationsschreiben
er sich zur Religion der allgemeinen Menschenliebe bekennt,
der Religion, welche über alle Controversen erhaben sei.

Die Widmung brachte ihm aber nur ein Gnadengeschenk des
Kaisers ein und so fasste er nach mehrmonatlichem Aufenthalte den Entschluss, sich nach Helmstädt zu wenden, wo
Herzog Julius von Braunschweig eine neue aufblühende Universität gegründet hatte. Der Herzog war kurz zuvor aus
dem Leben geschieden und die Universität, die Academia
Julia, hatte die Trauerfeierlichkeiten um ihren Stifter eben
beendet, als Bruno eintraf und nun nachträglich auch noch
seine Gedächtnisrede auf den verewigten Fürsten hielt.
Nicht durch Zufall, sondern wie durch eine Fügung des Ge-
schickes sei er nach so vielen Trübsalen und Gefahren in
diese Gegend getrieben worden. Aus seinem Vaterlande um
der Wahrheit willen verbannt, werde er hier als Bürger aufgenommen, dort dem gierigen Rachen des römischen Wolfes
preisgegeben, lebe er hier in Freiheit und Sicherheit. —
Aber die Hoffnungen, denen er mit diesen Worten Ausdruck
gab, sollten sich nicht erfüllen. Diesmal war es die Verfolgungssucht eines lutherischen Pastors, die seiner kaum be-
gonnenen Lehrthätigkeit ein Ziel setzte. Der Superintendent
zu Helmstädt, Boethius mit Namen, excommunicirte ihn vor
versammelter Gemeinde, der Rector der Universität, der
Theologe Hofmann, wollte oder konnte ihn nicht schützen,
und so musste er sich abermals nach einer neuen Stätte um-
sehen. Er wählte Frankfurt a. M., das Leipzig jener Zeit,
in der Absicht, hier seine lateinischen Werke zu vollenden
und dem Druck zu übergeben. Sogleich setzte er sich mit
den angesehenen Verlegern J. Wechel und P. Fischer in Verbindung, welche ihm im Karmeliterkloster ausserhalb der
Stadt Unterkunft verschafften. Die Verleger hatten nach da-
maliger Sitte für das leibliche Wohl ihrer Autoren zu sorgen.
Im Kloster war Bruno unablässig an seinen Werken beschäf-
tigt. Man konnte ihn den ganzen Tag in seiner Zelle schrei-

bend oder meditirend finden. Nur der Unterricht, den er einigen »häretischen Doctoren« in der Lullischen Kunst erteilte, und ein zeitweiliger Aufenthalt in Zürich, wohin er dem Rufe mehrerer junger Männer als Lehrer gefolgt war, unterbrachen diese schaffende Tätigkeit. — »Er war, äusserte sich später der Prior der Karmeliter, ein Mann von universellem Geiste, in allen Wissenschaften bewandert, hatte aber keine Spur von Religion« —: der Religion des Karmeliterpriors nämlich.

Von den Werken, die in rascher Folge in Frankfurt erschienen, ist besonders die zusammengehörige, dem Herzog Heinrich Julius von Braunschweig gewidmete Schriftengruppe: über »das dreifach Kleinste«, »die Monade, Zahl und Figur«, »das Unermessliche und die unzähligen Welten« hervorzuheben. — Die nämliche Kraft, die sich zur Unendlichkeit des Universums entwickelt, lehrt Bruno in der erstgenannten Schrift, lebt auch in den kleinsten Teilen, in jedem Elemente, dessen Substanz sie bildet. Sie ist sonach Eines im Grössten und im Kleinsten. Man würde das Universum aufheben, könnte man das Element seiner Zusammensetzung: das Kleinste vernichten. Die Natur ist eine lebendige Einheit von lebendigen Einheiten, in jeder von diesen die Kraft des Ganzen gegenwärtig, — Gedanken, die sich ähnlich bei Leibniz wiederfinden. Sogar der Ausdruck: Monade der Monaden zur Bezeichnung des schöpferischen Urquells der Dinge wird schon von Bruno gebraucht, aber im Zusammenhange seiner Philosophie mit tieferem Sinn.

Auch ein Werk über die sieben freien Künste, von dem noch die Rede sein soll, ist in dieser Zeit entstanden und zum Abschluss gebracht worden. Bruno hat es im Manuscript nach Venedig mitgenommen; aber zur Veröffentlichung desselben sollte er nicht mehr gelangen.

Die Messe in Frankfurt wurde auch von ausländischen Verlegern, namentlich den italienischen, viel besucht. Bei einem solchen Anlasse machte Bruno die Bekanntschaft der venetianischen Buchhändler Bertano und Ciotto und der letztere brachte Schriften von ihm nach Venedig. Dort im Laden Ciotto's fielen dieselben einem jungen Nobile Giovanni Mocenigo ins Auge, der sich sogleich nach dem Aufenthaltsorte ihres Verfassers erkundigte und den Wunsch äusserte, von diesem in die Gedächtniskunst und andere geheime Wissenschaften, in deren Besitz er Bruno wähnte, eingeführt zu werden. — G. Mocenigo, damals 32 Jahre alt, gehörte durch Geburt einer der vornehmsten Familien Venedigs an; sein Geschlecht hatte der Republik bereits vier Dogen gegeben. Von Natur scheu und unentschlossen, argwöhnisch und hinterhältig, gab er sich zu einem Werkzeug in der Hand seiner geistlichen Führer her. Er war schon einmal »savio all' eresia« (Stellvertreter des hohen Rates bei den Processen vor dem heil. Officium) gewesen und von daher mit den Praktiken der Inquisition vertraut. Dieser Elende drängte sich nun in das Leben Bruno's. Er lud ihn wiederholt ein, nach Venedig zu kommen und versprach, ihn so zu halten, dass er zufrieden sein solle. Ciotto übermittelte die beiden Einladungsschreiben. Bruno fand dieselben nach seiner Rückkehr von Zürich vor und fasste in der bedrängten Lage, in der er sich befand, den verhängnisvollen Entschluss, der Einladung zu folgen. Was ihn zu diesem Schritte bewog, der sein Schicksal besiegeln sollte, war nicht Sehnsucht nach der Heimat, dem »vom Himmel begnadigten Lande«, dessen Zauber er mit so lebhaften Farben zu schildern weiss. Dem Sohn der Sonne und der Mutter Erde, wie er sich einmal nannte, dessen Geist in der Anschauung der Unendlichkeit sich erging, »verwandelte sich selbst der engste Verbannungs-

ort in das weiteste Vaterland«. Aber — durfte er sich nicht
sicher glauben unter dem Schutze der mächtigen Republik
und eines ihrer angesehensten Häuser? Und konnte er ein
Anerbieten ausschlagen, das ihn wenigstens auf einige Zeit
der Armut und Sorge enthob? Kein beratender Freund stand
ihm zur Seite, ihn zu warnen, und so fiel der bei all seiner
Streitbarkeit und Heftigkeit arglose Mann in die Schlinge,
die ihm die Arglist gestellt hatte. Die Klugheit der Lebensführung ist meist denen versagt, die für viele Jahrhunderte
leben.

Anfangs schien sich Alles gut anzulassen. Bruno war im
Oktober 1591 eingetroffen und hatte zunächst eine Mietwoh-
nung bezogen. Der Unterricht mit Mocenigo begann, wurde
aber ohne grosse Regelmässigkeit erteilt. Bruno fand Zeit,
sich auf einige Monate nach Padua zu begeben, um deutschen
Studenten Privatvorlesungen zu halten. Erst im März des
folgenden Jahres übersiedelte er wieder nach Venedig und
liess sich jetzt verleiten, im Hause seines Schülers Wohnung
zu nehmen. Man sah ihn viel in den Buchhandlungen ver-
kehren und bei den litterarischen und philosophischen Gesell-
schaften, die sich um Andrea Morosini versammelten, war er
ein gerne gesehener Gast. Als er glaubte, seinen Schüler
in allem, wozu er berufen worden war, unterrichtet zu haben,
dachte er nach Frankfurt zurückzukehren, um den Druck seiner
Werke fortzusetzen. Er verlangte also die Erlaubnis abzu-
reisen. Mocenigo, scheinbar durch den Unterricht, den er empfangen, nicht zufrieden gestellt, verweigerte seine Erlaubnis
und liess die Drohung fallen: er wisse das Mittel, ihn wenn
er nicht freiwillig bliebe zum Bleiben zu zwingen. In welcher
Täuschung über seine Lage muss sich Bruno befunden haben,
da er entgegnen konnte: er fürchte sich nicht vor der Inquisition, denn er habe Niemanden abgehalten nach seinem

Glauben zu leben. Wie seltsam uns dies erscheinen mag,
Bruno sah seinen Bruch mit der Kirche nicht für unheilbar
an. Er hatte wiederholt, in Toulouse und in Paris, den Ver-
such gemacht, sich mit der Kirche auszusöhnen, und setzte
gerade augenblicklich grosse Hoffnungen in sein Werk über
die sieben freien Künste. Er wollte dasselbe dem neuen
Papste Clemens VIII., den er den Wissenschaften geneigt
glaubte, überreichen und meinte damit Lossprechung und Wie-
deraufnahme in den Verband der Kirche erwirken zu können,
ohne genötigt zu sein, auch in den Orden zurückzutreten. —
Allein die Ereignisse sollten sich für ihn anders entwickeln,
als er vorhersah. Er beharrte bei seinem Entschlusse abzu-
reisen und bestellte sein Gepäck nach Frankfurt. Mocenigo
durfte also keinen Augenblick mehr verlieren, sein verräte-
risches Vorhaben ins Werk zu setzen. Gefolgt von einem
Diener und fünf bis sechs Gondelieren, die in der Nähe seines
Palastes zur Hand waren, drang er in der Nacht des 22. Mai
1592 unter einem Vorwande in das Schlafgemach seines Leh-
rers, zwang ihn vom Bette aufzustehen und schloss ihn in
einem Raume des oberen Stockwerkes seines Hauses ein, den
er eigenhändig absperrte. Tags darauf erscheint ein Beamter
des h. Officiums mit mehreren Gehilfen und lässt den Gefangenen* in einem Magazin zu ebener Erde sicherer verwahren.
An dem nämlichen Tage reicht Mocenigo schriftlich seine De-
nunciation bei dem Inquisitor ein. In der Nacht wird Bruno
in die Kerker der Inquisition geschleppt.

Die Acten des venetianischen Processes sind uns voll-
ständig erhalten und wiederholt herausgegeben worden,
nachdem Ranke schon vor mehreren Jahrzehnten ihre Spur
aufgefunden hatte.

Der Gerichtshof, »das heilige Tribunal«, war gebildet aus
dem Pater Inquisitor Fra Giovanni Gabrielli da Saluzzo, dem

apostolischen Nuntius Monsignore Ludovico Taberna, dem Patriarchen von Venedig Lorenzo Priuli und einem der drei savii all' eresia, die die Gesetzlichkeit des Verfahrens zu überwachen und darüber dem hohen Rate Bericht zu erstatten hatten. Als Zeugen erscheinen die Buchhändler Bertano und Ciotto; auch Andrea Morosini wurde vernommen.

Die Anklageschrift Mocenigos, von ihm durch zwei weitere Schreiben ergänzt, ist das Werk ebenso eines böswilligen Charakters wie eines verworrenen Kopfes. Es fällt nicht leicht aus der ordnungslosen Aufzählung der einzelnen Anklagepunkte zu erkennen, was wirklich auf Äusserungen Bruno's beruht und was dagegen Mocenigo falsch gehört hat. Fast an der Spitze der Anklage steht die Lehre von der Unendlichkeit des Universums und der Mehrheit der Welten. Die Bruno zur Last gelegte Behauptung: das tierische und so auch das menschliche Leben gehe aus einem Fäulnisprocesse hervor, ist wohl nur eine schiefe Auffassung seiner kühnen Hypothese der natürlichen Entstehung aller Organismen. Der Philosoph, der sogar einen mehrfachen Ursprung des Menschengeschlechtes annahm, kannte auch zwischen der menschlichen und der tierischen Seele nur einen Unterschied der Entwickelung, keinen des Wesens. Der Leugnung der Menschwerdung des Sohnes Gottes wird Bruno gewiss mit Recht beschuldigt. Wir wissen, dass er schon früh am kirchlichen Dogma der Trinität gezweifelt hat. Gegen die unehrerbietigen Äusserungen aber über die Person und die Wunder Christi, die ihm Mocenigo in den Mund legt, hat er sich auf das Feierlichste verwahrt und Mocenigo wäre nicht der erste Frömmler, der aus vermeintlich religiösem Eifer zur Lüge gegriffen hat. In das Gebiet lügnerischer Erfindungen, die sich selbst als solche verraten, gehört auch der abenteuerliche, Bruno zugeschriebene Plan, in Verbindung mit Heinrich von

Navarra eine allgemeine Revolution hervorzurufen, sich zum
Hauptmann aufzuwerfen und bei der Gelegenheit der Reich-
tümer Anderer zu bemächtigen. Wofür muss Mocenigo die
Richter gehalten haben, da er es wagte, ihnen mit solchen
Dingen zu kommen. Sehr boshaft und auf die Stimmung der
Richter, von denen wenigstens einer ein Mönch war, berech-
net, ist die Anzeige, Bruno habe seine Verwunderung darüber
ausgesprochen, wie eine sonst doch so weise Republik die
Mönche im Genusse ihrer üppigen Einkünfte lassen könne,
statt dieselben, wie es in Frankreich geschehen sei, einzu-
ziehen. — Und gegen solche Anschuldigungen eines so
niedrig gesinnten Gegners hatte der ernste Denker sich zu
verantworten.

Das Verhör begann am 29. Mai und wird am 30. fort-
gesetzt. Der Angeklagte gibt Auskunft über seine Person
und erzählt sein Leben. Erst bei der folgenden Vernehmung
am 2. Juni wird auf die Materie der Anklage eingegangen.
Bruno legt ein vollständiges Verzeichnis seiner gedruckten
Schriften vor; einige derselben billige er noch jetzt, andere
nicht mehr. Ihr Inhalt sei ausschliesslich philosophisch und
nach den Principien der natürlichen Erkenntnis behandelt.
Mit der katholischen Religion habe derselbe direkt wenigstens
nichts zu schaffen, greife daher auch nicht der Wahrheit
nach dem Glauben vor. Dies habe auch die Universität von
Paris anerkannt, als sie die Drucklegung seiner Thesen er-
laubte. Bruno entwickelt hierauf in summarischer Darstellung
seine philosophische Doktrin, keinen wesentlichen Zug derselben verdeckend oder abschwächend, mit einer Offenheit,
als stünde er am Katheder und nicht vor dem Richterstuhle
der Inquisition. Er lehre ein unendliches Universum, weil er
es der göttlichen Güte und Allmacht unwürdig erachte zu
glauben, dass sie eine endliche Welt geschaffen habe, da sie

doch Welten ohne Zahl hervorbringen kann. So habe er denn
erklärt, dass es unendlich viele Welten gebe ähnlich dieser
unserer Erde, die er gleich den übrigen Planeten für ein Gestirn betrachte. In dieses Universum setze er eine allgemeine
Vorsehung, kraft welcher jedes Ding lebt, wächst und in
seiner Vollkommenheit besteht, und zwar denke er sich dieselbe auf doppelte Art: einmal so wie die Seele im Körper
gegenwärtig sei, was er Natur, Schatten und Spur der Gottheit nenne, dann aber in der unaussprechlichen Weise, in
welcher Gott zugleich in Allem und über Allem ist. — Die
Fleischwerdung des Wortes, räumt er ein, nicht zu verstehen,
so lange er sich innerhalb der Grenzen der Philosophie halte,
und auch sein Glaube daran sei schwankend. Unter dem
heiligen Geiste habe er als Philosoph in Übereinstimmung mit
Salomo die Weltseele verstanden. Aus diesem Geiste, diesem
Allleben fliesse jedem belebten und beseelten Wesen das Leben und die Seele zu. Die Seele sei unsterblich wie der
Körper unvergänglich, der Tod Trennung und Wiederbelebung.
Und so sei das Wort des Predigers zu verstehen: »Nichts
Neues unter der Sonne«.

Bruno stützte sich bei seiner Verteidigung auf die Lehre
von der zweifachen Wahrheit, wonach Philosophie und Theologie, Wissenschaft und Glaube neben einander bestehen
können, auch wenn sie Entgegengesetztes behaupten. Zwar
war diese Lehre schon 1512 auf dem Lateran-Concile als
häretisch verdammt worden; aber Rom selbst hatte sich nicht
immer an diesen Concilsbeschluss gehalten. Durch Berufung
auf den Grundsatz der zweifachen Wahrheit erwirkte Pom-
ponatius 1516 von der römischen Censur die Freigebung seiner
Schrift über die Unsterblichkeit der Seele, und die Universität
von Paris erkannte Bruno gegenüber den nämlichen Satz als
noch zu Recht bestehend an. So können wir es verstehen,

3*

dass Bruno beständig darauf zurückkommt, was er gelehrt,
habe er als Philosoph behauptet ohne damit auszusprechen,
was er als Christ glaube. Vom Inquisitor nach seinem Glauben gefragt erwidert er durchaus katholisch. »Was er von
der Incarnation des Wortes und dessen Geburt glaube? —
Dass das Wort empfangen ist vom heil. Geiste und geboren
aus Maria der Jungfrau«. »Was für Stücke zur Seligkeit
notwendig seien? — Glaube, Hoffnung und Liebe«. — Und
ähnlich über das Sakrament der Busse, die Verwandlung beim
Messopfer, die Abstinenzgebote der Kirche. Kurz, Bruno ant-
wortet, als wiederhole er eine Lection aus dem römischen
Katechismus. Aber so leichten Kaufes liess die Inquisition
Keinen entkommen, der einmal in ihre Gewalt gefallen. Am
Schlusse des langen Verhöres wendet sich der Inquisitor in
eindringlicher Ansprache an den Angeklagten, ihm Punkt für
Punkt die Anklage vorhaltend, als hätte er Nichts gethan,
sie zu entkräften. Wolle er hartnäckig leugnen, worin er
nachher überführt werden könne, so dürfe er sich auch nicht
wundern, wenn das heil. Officium mit denjenigen Rechts-
mitteln gegen ihn vorgehen werde, welche es gegen Verstockte
anzuwenden die Gepflogenheit und die Macht habe, gegen
jene, welche die Barmherzigkeit Gottes und die christliche
Liebe des heil. Officiums nicht erkennen wollen, womit sich
dieses angelegen sein lasse, die, so in der Finsternis wandeln,
zum Lichte, die welche vom rechten Wege abgeirrt, zum
Pfade des ewigen Lebens zurückzuführen.

Bruno hatte die Drohung, die in diesen Worten lag, verstanden. Am folgenden Tage (am 3. Juni) zeigte er sich
noch gefügiger, ja zerknirscht. Er wird über seine Beziehungen zu Heinrich von Navarra vernommen; — man sieht:
die Verleumdung Mocenigo's hatte gewirkt. Bruno bestreitet
den König von Navarra zu kennen. Auch über sein Lob der

ketzerischen Königin von England muss er sich rechtfertigen.
Er entschuldigt dasselbe als Redeweise im Geschmacke des
Altertums. Endlich gibt er eine Erklärung ab, die einem
völligen Widerrufe gleich kommt. Alle Irrtümer, die er bis
auf den heutigen Tag in Betreff des katholischen Lebens und
seiner Ordensprofession begangen, alle Ketzereien, deren er
sich schuldig gemacht, verwerfe und verabscheue er jetzt; er
bereue etwas gethan, gehalten, gesagt, geglaubt oder gezweifelt zu haben, was nicht katholisch sei, und bitte: das
heil. Tribunal möge ihn, seine Schwäche berücksichtigend,
mit den geeigneten Mitteln versehen, um wieder in den Schooss
der Kirche aufgenommen zu werden, und Gnade walten lassen.
— Tags darauf folgt noch ein kurzes Verhör, dann tritt eine
Pause von 8 Wochen ein, — Zeit genug für das examen
rigorosum und die Folter, die man bei denjenigen anzuwenden
pflegte, welche sich zu schnell bekehrt zeigten. Erst am
30. Juli wird Bruno von neuem vorgeführt. Er erklärt, es
sei möglich, ihm aber durchaus nicht erinnerlich, dass er in
der langen Zeit seit seiner Trennung von der Kirche noch in
andere Irrtümer als die von ihm bekannten geraten sei, —
und auf die Kniee fallend bricht er in die flehentlichen Worte
aus: »Ich bitte demütig Gott und Euere Herrlichkeiten um
Verzeihung aller Irrtümer, die ich begangen, und ich bin
hier, bereit zu thun, was von Euerer Weisheit beschlossen und
als heilsam für meine Seele befunden wird. Und wenn Gott
und Euere Herrlichkeiten mir die Barmherzigkeit erweisen
und mir das Leben schenken, so verspreche ich mein Leben
sichtbarlich zu ändern und das Ärgernis, das ich früher gegeben, wieder gut zu machen.« — Damit endet der Process
in Venedig, ohne dass eine Urteilssprechung erfolgt wäre.
Die Acten wanderten nach Rom und schon am 17. September
beschliesst man dort, die Auslieferung Bruno's zu fordern.

Bruno sei kein gewöhnlicher Ketzer, sondern ein Ketzerhaupt,
ein Häresiarch; er habe verschiedene Bücher verfasst, in
welchen er der Königin von England und anderen ketzerischen Fürsten ungemeines Lob spende: er sei Dominikaner
gewesen und habe sich dann in Genf und in England viele
Jahre herumgetrieben; man habe ihn schon in Neapel und
anderswo vor die Inquisition gefordert und so solle er mit
der ersten sicheren Gelegenheit nach Ancona und von da nach
Rom gebracht werden. Die Barke nach Ancona stand zur
Abfahrt bereit, der Inquisitor drängte auf Entscheidung. Der
hohe Rat aber konnte nicht sogleich zu einem Beschlusse
gelangen und die Barke musste ohne den Gefangenen aus-
laufen. Mit Schreiben vom 3. Oktober an den Gesandten
in Rom verweigert der Senat die Auslieferung. Er besorgt,
seinen Rechten zu vergeben, wenn er dem Wunsche der Curie
willfahre. Allein Rom wiederholte nur um so dringender
sein Begehren. Schon als Mönch falle Bruno unter die Juris-
diction des Papstes. Endlich am 7. Jänner gibt der hohe
Rat dem Verlangen Seiner Heiligkeit nach. Das Gutachten
Contarini's, das diesen Beschluss herbeiführt, wiederholt die
von der Curie geltend gemachten Gründe und fügt hinzu:
Bruno habe sich lange in ketzerischen Ländern aufgehalten
und während dieser ganzen Zeit ein lockeres und teuflisches
Leben geführt. Er sei der Häresie in schwerstem Grade
schuldig, — übrigens aber einer der ausgezeichnetsten Geister,
die man sich denken könne, von auserlesener Gelehrsamkeit
und umfassendem Wissen.

Wie seltsam, aber doch ganz im Sinne der Zeit, kreuzen
sich in diesen Worten die Bewunderung für die geistige Grösse
des Mannes und die abergläubische Scheu vor seiner Ketzerei.

Seine Heiligkeit, der Papst — meldet der venetianische
Gesandte am 16. Jänner aus Rom — habe die Entscheidung

der Republik als eine »ihm höchst wohlgefällige Sache« bezeichnet, für die er sich erkenntlich zeigen wolle. Am 27. Februar 1593 trifft Bruno in Rom ein; er hat den Kerker der Inquisition in Venedig mit dem Kerker in Rom vertauscht. Fast 17 Jahre waren seit seiner Flucht vergangen; er stand im 45. Lebensjahre.

Bruno war mit dem Entschlusse angelangt, den Widerruf, den er in Venedig geleistet hatte, in Rom zu erneuern. Um so auffallender erscheint die lange Dauer seiner Haft bis zur Austragung des Processes. Es entsprach sonst den Gewohnheiten des heil. Officiums nicht, seine Entscheidungen hinauszuziehen. In der Liste der Mitgefangenen Bruno's vom 5. April 1599 (es sind deren 20, darunter 7 Priester und Mönche) findet sich der Name eines einzigen erwähnt, dessen Haft beinahe zwei Jahre währte. Bruno allein verbrachte schon über sechs Jahre im Kerker. Zwar sind es nur Vermutungen, die uns die lange Zeit seiner Gefangenschaft erklären; sie werden aber durch die Angaben des Schoppius unterstützt, ja erlangen durch diese beinahe den Wert gesicherter Thatsachen. Kaspar Schoppe (latinisirt: Scioppius oder Schoppius), in seiner Jugend katholisch geworden und von Clemens VIII. zum Ritter von S. Peter und Grafen von Claravalle gemacht, ein händelsüchtiger Litterat, ist der einzige Zeitgenosse, der über das Ende Bruno's als Augenzeuge berichtet. Er erzählt: Bruno sei von den grössten Theologen seiner Irrtümer überführt worden und habe zu widerrufen versprochen, immer aber, so oft er dieses Versprechen gegeben, sei er wieder auf die Verteidigung seiner »nichtigen Einfälle« zurückgekommen und so habe er sich eine Frist nach der anderen zu verschaffen gewusst, die Verurteilung hinauszuschieben. Was Schoppius hier in zeitlicher Verkürzung sah — er glaubte Bruno erst seit 1598 in Haft — hat sich in Wirklichkeit über die ganze

Reihe der Jahre der Gefangenschaft in Rom erstreckt. Auch
die Behauptung: Bruno sei widerlegt worden, bedarf der Be-
richtigung. Schon dass er seine Lehre immer von neuem ver-
teidigt, beweist das Gegenteil. In Wahrheit sind eben die
Versuche ihn zu widerlegen der Grund, der ihn zu einer Unterwerfung, wie sie das heil. Officium forderte, nicht gelangen
lässt, — zu einer Unterwerfung ohne Vorbehalt, ohne Schwan-
ken, ohne verlangenden Rückblick nach seinen früheren wissenschaftlichen Überzeugungen, nach der Herrlichkeit der unendlichen Welt, wie sie sein Geist erschaut hatte. Man wollte
ihn nicht einfach zum Widerruf bewegen, — er hatte widerrufen und ist bereit, den Widerruf zu wiederholen. Man wollte
seinen Sinn wenden, diese gewaltige Geisteskraft gewinnen,
seinen Namen, seine Gelehrsamkeit, seine Feder dem kirchlichen Glaubenssysteme dienstbar machen. Deshalb griff man
ihn bei seiner Philosophie an. Wie aber sollte sein Geist von
den Sonnenweiten, zu denen er sich aufgeschwungen hatte,
sich zurückfinden in die Enge der aristotelisch-mittelalterlichen
Welt. Indem man ihn zu widerlegen sucht, bestärkt man ihn
in seiner Überzeugung. Jedesmal schwindet dann seine Unsicherheit, der Zweifel an sich selbst, der Keinem erspart
bleibt, der allein gegen die Strömung seiner Zeit und Umgebung ankämpft.

Bruno ist nicht als Held in den Kerker gekommen, er
ist als Held erst aus dem Kerker hervorgegangen. Von der
demütigen, seiner selbst unwürdigen Stellung in den ersten
Zeiten der Gefangenschaft hat er sich erst allmählich aufge-
richtet, aus dem Widerstreit, der ihn anfangs befangen macht,
erst nach und nach zur innern Einheit erhoben und damit die
ausdauernde Kraft gewonnen, die er schliesslich bewährte.
Dass er sich menschlich schwach gezeigt, bringt ihn uns nur
menschlich näher. Das Opfer seines Lebens erscheint dadurch

grösser. Das Recht der freien Überzeugung und der neuen
Anschauung der Dinge musste sich in ihm selbst erst gegen
eine Macht emporringen, mit der sein Gemüt verwachsen ist,
weil an ihr die Eindrücke seiner Kindheit haften. Sein Verhältnis zur katholischen Kirche ist nicht einfach Verneinung.
Er verneint das Glaubenssystem der Kirche; ihrem Einfluss
auf Sinne und Gemüt aber kann er sich nur schwer entziehen.
Er nimmt in seine neue Weltanschauung viel von der reli-
giösen Empfindungsweise der alten hinüber. Was immer er
an der katholischen Religion auszusetzen hat, sie ist ihm, wie
selbst Mocenigo bezeugen musste, »doch noch die liebste«.
Nun ihm diese Kirche als Richterin gegenübertritt, wird er
unsicher und von entgegengesetzten Antrieben bewegt. Von
dieser Unsicherheit muss er sich erst befreien in jahrelangem
Kampfe, ehe er sich entschlossen auf die Seite jener Macht
stellen konnte, für welche sein leiblicher Tod den geistigen
Sieg bedeutet.

Erst zu Beginn des Jahres 1599 erfahren wir wieder von
dem Gefangenen, der so lange für die Welt verschollen war.
— Zur »Congregation des heil. Officiums der römischen und
allgemeinen Inquisition« gehörte eine Anzahl von Cardinälen,
darunter vor allem Ludovico Madruzzi und der Cardinal von
San Severina, letzterer ein unduldsamer, ehrgeiziger Mann,
der die Pariser Bluthochzeit einen herrlichen und den Katholiken überaus angenehmen Tag nannte. Von den Consultoren
ist besonders Robert Bellarmin hervorzuheben. Er war be-
auftragt, die Lehren Bruno's zu prüfen und hat das meiste zu
dessen Verurteilung gethan. In ihm verkörpert sich überhaupt
20 Jahre hindurch die Opposition der Curie gegen die Wissenschaft. Am 14. Jänner legte Bellarmin der Congregation acht
häretische Sätze vor, die er aus den Schriften Bruno's aus-
gezogen hatte. Die Congregation beschliesst, Bruno zur Ab-

schwörung dieser Sätze aufzufordern, und ordnet zugleich an, dieselben zu vervollständigen. Und in der That müssen wir uns auch über ihre geringe Anzahl verwundern. Drei Wochen später verfügt der Papst nach Vernehmung der Congregation, jene Sätze sollen dem Angeklagten als häretisch bezeichnet werden, »erkenne er sie als solche an — gut, wenn nicht, so solle ihm ein Termin von 40 Tagen gesetzt werden«. Der Termin läuft ab ohne Entscheidung. Erst am 21. December wird Bruno bei einer allgemeinen Besichtigung der Gefangenen vorgeführt und in seiner Sache vernommen. Seine feste Erklärung: »er dürfe und wolle nicht widerrufen, er habe nichts zu widerrufen und verstehe nicht, was er widerrufen solle« treibt der Katastrophe entgegen. Vergebens sendet die Congregation den General seines Ordens Ippolita Maria und dessen Vicar Paul von Mirandola, mit ihm zu verhandeln. Bruno weigert sich, die ihm vorgehaltenen Sätze als häretisch anzuerkennen; unmutig fügt er hinzu, er habe nie häretische Sätze ausgesprochen, seine Sätze seien von den Beamten des h. Officiums falsch aufgefasst worden. Am 20. Jänner 1600, einem Jubeljahre Roms, fand die entscheidende Sitzung statt. Eine Denkschrift Bruno's an den Papst wird eröffnet, aber nicht gelesen. Nach Anhörung der Congregation befiehlt der Papst, dass weiter vorgegangen, die Sentenz gefällt und der Bruder Jordanus der weltlichen Gewalt überantwortet werden soll. — Vor versammelter Congregation und in Gegenwart des Magistrates und des Gouverneurs von Rom wird diesem Beschlusse gemäss am 8. Februar das Urteil gesprochen. Bruno muss die Verkündigung der Sentenz kniend anhören. Er wird degradirt (d. h. die Weihen werden ihm aberkannt), dann excommunicirt und hierauf der weltlichen Macht übergeben mit der gebräuchlichen Bitte: »diese möge ihn so gelinde wie möglich und ja ohne die Vergiessung seines Blutes bestrafen« — nämlich zum Scheiterhaufen ver-

urteilen. Man vergegenwärtige sich, dass der Gouverneur von
Rom ein päpstlicher Beamter war. Nach Anhörung des Urteils
richtet sich Bruno stolz empor und mit drohender Miene zu den
Richtern gewendet spricht er die Worte: »Wohl mit grösserer
Furcht fällt ihr das Urteil gegen mich, als ich es vernehme«.
Am 12. Februar erwartete man in Rom, wie die avvisi
des Tages berichten, eine höchst feierliche Justiz. Ein Domi-
kaner aus Nola, ein halsstarriger Ketzer sollte lebendig verbrannt werden. Die fromme Schaulust hatte sich jedoch noch
einige Tage zu gedulden. Man gab Bruno eine letzte Frist
zum Widerrufe. Er hätte sich die Gnade erkaufen können,
vor dem Verbrennen getötet zu werden. Seine Standhaftig-
keit aber oder, wie die Gegner es auffassten: seine Verstockt-
heit blieb unerschütterlich. »Ich sterbe als Märtirer, erklärte
er, und willig, und ich weiss, dass meine Seele mit jenem
Rauch zum Paradiese emporsteigt«. — Am 17. Februar, einem
Freitag, sah man in früher Morgenstunde eine jener traurigen
Processionen, die in Rom nicht ganz selten waren, nach dem
Campo di Fiore, dem Hinrichtungsplatze für Ketzer, sich bewegen. Bruno wird zum Scheiterhaufen geleitet. Andere
Fackeln leuchten ihm voran als jene, von denen er einst ge-
meint hatte, sie würden ihm selbst am hellen Tage nicht
fehlen, sollte es ihm bestimmt sein, auf römisch-katholischer
Erde zu sterben. Wenig Regungen des Mitleids für ihn mögen
in der zusammengeströmten Menge wach geworden sein; entsprach doch ein derartiger Rechtsgang dem Bewusstsein der
Zeit. Schoppius richtete seine höhnenden Blicke auf ihn. Er
muss sich in die vorderste Reihe der Zuschauer gedrängt haben,
so genau weiss er von den letzten Augenblicken Bruno's zu
berichten. Bruno wird an den Pfahl gebunden, um welchen
der Holzstoss aufgeschichtet lag. Die Flammen umzingeln
ihn; aber nicht ein Seufzer entringt sich in der grässlichen

Qual seiner Brust, und lebend und sehend wird er langsam verbrannt. Als man ihm, während er schon im Sterben war, ein Crucifix zeigte, soll er sich abgewendet haben.

Was uns als Heldentod erscheint, war in den Augen der Zeitgenossen schmachvolle Hinrichtung. — »Und so ist er denn, schreibt Schoppius vergnügt, elend im Feuer umgekommen und mag in jenen anderen Welten, die er sich eingebildet hat, erzählen, wie es bei den Römern Brauch ist, mit gotteslästerlichen und ruchlosen Leuten seiner Art umzugehen«.

Selbst der Name Bruno's war geächtet. Campanella nennt ihn nur einmal, aber nicht offen, nur als einen »gewissen Nolaner«. Kepler in Deutschland allein, der Bruno in so vielem verwandt ist, führt ihn wiederholt an. Galilei aber schweigt von ihm, um seine eigene Sache nicht noch mehr zu verdächtigen. So konnte es geschehen, dass der erste Philosoph von modernem Geiste, der Prophet der naturwissenschaftlichen Weltanschauung, zunächst fast unbekannt blieb. Seine Schriften fingen bald an zu den grössten Seltenheiten zu zählen. Man muss daher mit dem Vorwurf von Entlehnungen aus denselben sehr vorsichtig sein. Auch sind die Wege, welche die nachfolgende Philosophie und Wissenschaft einschlugen, andere als jene, auf denen Bruno's dichterischer Geist vordrang; mögen sie sich auch dem Ziele nähern.

Bruno ist für die gleiche Wahrheit in den Tod gegangen, für welche auch Galilei leiden sollte. Sein Process enthält schon denjenigen Galilei's im Keime. Unter den Ketzereien, deren er schuldig erkannt wurde, steht die Lehre von der Mehrheit der Welten obenan. Dies hat auch Schoppius richtig gesehen. Nicht die Erdbewegung, — die Mehrheit der Welten ist mit dem wörtlich verstandenen Glauben der Kirche schlechthin unvereinbar. Sollen auch die Bewohner der übrigen Welten von Adam abstammen — wendet Caccini triumphirend gegen

Galilei ein — sollen auch sie von Christus erlöst worden sein? Man könnte meinen, Bruno's Sache wäre auch ohne diese Ketzerei eine verlorene gewesen. War er nicht Apostat, rückfällig, ein aus dem Orden entwichener Mönch? — Gründe genug, ihn wenigstens zu immerwährendem Kerker zu verdammen. Allein, seine kosmologischen Anschauungen waren es ja, die seinen Abfall von der Kirche herbeigeführt hatten; sie waren es auch, worüber weder er selbst noch seine Richter hinwegkommen konnten. Sein Festhalten an ihnen machte den schon geleisteten Widerruf in den Augen der Inquisition wertlos und hinderte ihn, den Widerruf, wie diese ihn forderte, zu leisten. Und so hat Bruno in der That als Opfer seiner wissenschaftlichen Überzeugungen, als Märtirer der neuen Weltanschauung den Scheiterhaufen bestiegen.

Ein beglaubigtes Bildniss Bruno's ist nicht erhalten. Doch weiss man, dass er klein von Statur, von zartem Gliederbau und bleicher Gesichtsfarbe war. Sein brauner Bart war spärlich, das Haupthaar dunkler; die tief liegenden Augen blickten melancholisch. Er war von grosser Lebhaftigkeit der Bewegungen, und man kann seine Dialoge nicht lesen, ohne sich ihn gestikulirend zu denken. Vieles vom Temperamente des Süditalieners war ihm eigen. Er war reizbar, heftig, eine impulsive Natur, die sich öfters von den Eindrücken des Augenblickes leiten liess. Man vermisst darum im Einzelnen die Consequenz, die er im Ganzen seines Lebens so grossartig bewährt hat. Er konnte leicht Überdruss empfinden. »Il fastidito« ist der Name, den er sich selbst beigelegt hat. Freilich durchschaute er auch bis auf den Grund die niedrigen Beweggründe und kleinlichen Ränke, die Eitelkeit und Verfolgungssucht der Zunft, »die aus der Philosophie ein Gewerbe macht«. Schon früh im Leben sehnte er sich nach »dem Ende der an Stürmen reichen Arbeiten, nach dem

Bett, der stillen Rast und sicheren Ruhe« des Todes. Doch bleibt sein Gemüt vom Pessimismus frei. Er schilt auf das Gemeine, oder geisselt es mit satirischem Spott; seinen Blick aber hält er auf das Ganze gerichtet, worin er die Unvollkommenheiten des Einzelnen verschwinden sieht. Eben aus Verschiedenheit und Gegensatz entsteht ihm der volle Einklang der Dinge. Die Betrachtung der Harmonie des Universums hebt ihn über alles Leid hinaus.

Der Sinn für die Wirklichkeit ist ihm angeboren. Er erfasst ihren Charakter unmittelbar, durch Anschauung und indem er sich in denselben versenkt. Dass er zu seiner Zeit das Copernikanische System für eine ausgemachte Wahrheit nahm, ist gewiss voreilig. Aber die Natur offenbarte sich, wie seine Kosmologie beweist, selbst seinen Speculationen. Dass er mit Vorliebe zur Poesie greift, um seinen Lehren Gestalt und Ausdruck zu geben, ist bezeichnend. Seine Gedanken entstehen ihm schon ursprünglich in dichterischer Form.

Von seinem Berufe hatte Bruno das erhebendste Bewusstsein. Gott hat ihn zum Diener einer besseren Zeit auserwählt; Gott die ewigen Flammen in seiner sterblichen Brust entzündet, seinen Geist mit so hellem Lichte, seine Seele mit so heisser Glut erfüllt.

»Denn von der Gottheit berührt, wirst Du zu lohendem Feuer.«

Die Zeit hat dem Andenken Bruno's Gerechtigkeit widerfahren lassen. Sie hat das Urteil der Inquisition cassirt. — Vor fast drei Jahrhunderten starb Bruno von der Kirche verflucht, vor den Menschen mit Schmach bedeckt. Heute erhebt sich auf dem Campo di Fiore sein Denkmal.

Druck von Breitkopf & Härtel in Leipzig.

Verlag von **Wilhelm Engelmann** in Leipzig.

Der philosophische Kriticismus

und seine Bedeutung für die positive Wissenschaft.

Von

Prof. A. Riehl.

I. Band: Geschichte und Methode des philosophischen Kriticismus.
gr. 8. 1876. ℳ 9.

II. Band, 1. Theil: Die sinnlichen und logischen Grundlagen der Erkenntniss.
gr. 8. 1879. ℳ 7.

II. Band, 2. Theil: Zur Wissenschaftstheorie und Metaphysik.
gr. 8. 1887. ℳ 8.

Essays

von

Wilhelm Wundt.

gr. 8. 1885. geh. ℳ 7.––, geb. ℳ 9.––.

Inhalt: Philosophie und Wissenschaft. — Die Theorie der Materie. — Die Unendlichkeit der Welt. — Gehirn und Seele. — Die Aufgaben der experimentalen Psychologie. — Die Messung psychischer Vorgänge. — Die Thierpsychologie. — Gefühl und Vorstellung. — Der Ausdruck der Gemüthsbewegungen. — Die Sprache und das Denken. — Die Entwicklung des Willens. — Der Aberglaube in der Wissenschaft. — Der Spiritismus. — Lessing und die kritische Methode.

Grundzüge der physiologischen Psychologie

von

Wilhelm Wundt

Professor an der Universität zu Leipzig.

Dritte umgearbeitete Auflage.

Zwei Bände. Mit 210 Holzschnitten.

gr. 8. 1887. geh. ℳ 18.––. geb. ℳ 21.––.

System der Philosophie

von

Wilhelm Wundt.

gr. 8. 1889. geh. ℳ 12 —; geb. ℳ 14.—

Zur Moral der literarischen Kritik.

Eine moralphilosophische Streitschrift

von

Wilhelm Wundt.

8. 1887. ℳ 1.20.

Druck von Breitkopf & Härtel in Leipzig.

Reprint Publishing

FÜR MENSCHEN, DIE AUF ORIGINALE STEHEN.

Bei diesem Buch handelt es sich um einen Faksimile-Nachdruck de
Originalausgabe. Unter einem Faksimile versteht man die mit einer
Original in Größe und Ausführung genau übereinstimmende Nach
bildung als fotografische oder gescannte Reproduktion.

Faksimile-Ausgaben eröffnen uns die Möglichkeit, in die Bibliothe
der geschichtlichen, kulturellen und wissenschaftlichen Vergan
genheit der Menschheit einzutreten und neu zu entdecken.

Die Bücher der Faksimile-Edition können Gebrauchsspuren, Anmer
kungen, Marginalien und andere Randbemerkungen aufweisen sowi
fehlerhafte Seiten, die im Originalband enthalten sind. Diese Spurer
der Vergangenheit verweisen auf die historische Reise, die das Buch
zurückgelegt hat.

ISBN 978-3-95940-030-5

Made in
Germany

www.reprintpublishing.com

www.ingramcontent.com/pod-product-compliance
Lightning Source LLC
La Vergne TN
LVHW091210080426
835509LV00006B/924